Serviettentechnik Landhausstil

Anne Pieper

Servietten-technik
Landhausstil

INHALT

Liebe Bastlerinnen!

Die Serviettentechnik ist eine schnelle Methode, feste Untergründe wie Keramik, Holz, Pappe aber auch Kunststoff und Glas zu dekorieren. Auch Ungeübte und Kinder können sich daran wagen, nur Mut, es ist ganz einfach! Wenn Sie eine Weile mit Servietten gearbeitet haben, werden Sie gar nicht mehr aufhören können und Vasen, Töpfe, Tische, Kartons, Ordner mit hübschen Serviettenmotiven verzieren.

Viel Spaß wünscht Anne Pieper

Material

Für alle in diesem Buch aufgeführten Anleitungen brauchen Sie bestimmte Grundmaterialien:

▶ Servietten. Sie eignen sich am besten zum Dekorieren, da sie sehr dünn sind und das Resultat dadurch „wie gemalt" wirkt. Es lassen sich aber auch andere Papierarten wie Fotos, Geschenkpapier, selbst gemalte Bilder usw. verarbeiten

▶ Klebelack für Papier und Servietten (einen speziellen Klebelack für Servietten gibt es in den meisten Bastelgeschäften zu kaufen)

▶ weiche 3–5 cm breite Lackierpinsel, um den Klebelack oder die Farbgrundierung aufzutragen und die Servietten anzutupfen

- feste Borstenpinsel, um Farben aufzumalen
- Wasser, um zwischendurch die Pinsel auswaschen zu können
- eine Schere, um die Motive auszuschneiden
- Farben, siehe Seite 7
- ein Bügeleisen

Untergründe

Bekleben lassen sich so gut wie alle festen Gegenstände. Als Untergrund können sämtliche festen Oberflächen beklebt werden. Allerdings eignen sich saugende Untergründe wie unbehandeltes Holz, Karton, unglasierter Ton oder farbig vorbehandelte Flächen noch besser und sind deshalb für Anfänger am unproblematischsten. Es gibt im Fachhandel auch eine Flüssigkeit zum Vorbehandeln glatter Oberflächen zu kaufen, die allerdings teuer und nicht unbedingt notwendig ist.

Auf Glas und Kunststoff kann man ganz gut arbeiten, wenn die Oberfläche mit Acrylfarbe vorbehandelt wurde. Das Motiv sollte diese Oberfläche möglichst vollständig bedecken.

Der Untergrund muss hell (pastellig) sein, sonst kommt das Serviettenmotiv nicht zur Geltung.

Wenn Sie großflächig z. B. auf Pappe arbeiten möchten, wie beim Gartenbild (siehe Seite 14), empfiehlt es sich, die Oberfläche zu bügeln. Sie wird dadurch sehr glatt. Das geht so:
- Klebelack auftragen
- Motiv auflegen und andrücken
- nach dem Trocknen bügeln
- mit Klebelack versiegeln (siehe auch unter „Technik")

Wollen Sie Tontöpfe nach draußen stellen oder sie als Übertopf benutzen, sollten Sie sie von innen mit Klebelack versiegeln.

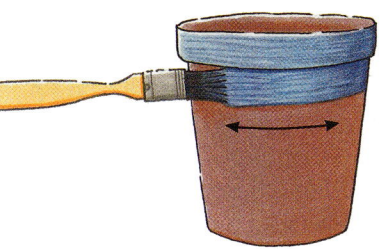

Bei Tontöpfen ist es wichtig, unterhalb des Randes sorgfältig quer zu streichen.

Der Topf selbst wird längs gestrichen.

Farben

Für das farbige Grundieren eignet sich Acrylfarbe am besten, aber auch Wandfarbe, Fassadenfarbe, Abtönfarbe und andere gut deckende, wasserfeste Farben sind geeignet.

Generell sollten alle Grundierfarben weiß oder pastellig sein, sonst dunkelt das Motiv zu sehr ab.

Eine gute Acrylfarbe mit hohem Pigmentanteil hat auch bei sehr dünnem Farbauftrag eine hohe Deckkraft. Das bedeutet, dass sie schnell trocknet und Sie zügig weiterarbeiten können. Diese Farbe trägt auch kaum auf, verleiht dem Untergrund dadurch kaum Struktur. Trotzdem sollten die Pinselstriche immer entweder waagerecht oder senkrecht verlaufen.

Fassadenfarbe, Wandfarbe, Abtönfarbe genauso wie auch die spezielle Strukturfarbe erzeugen einen strukturierten Farbauftrag, den man gestalterisch gut einsetzen kann. Diese Farben sind außerdem preiswert (lediglich die Strukturfarbe ist etwas teurer) und leicht zu beschaffen, sodass sie sich besonders für großflächige Objekte wie Wandgestaltungen, Obstkisten und Kartons eignen. Um dem Objekt ein antikes Aussehen zu verleihen, können Sie Krakeleefluid oder Patina einsetzen. Beides ist im Bastelgeschäft erhältlich. Eine Besonderheit ist auch die Schneepaste, mit der Sie winterliche und arktische Landschaften darstellen können.

Haltbarkeit

Durch einen Rundumanstrich mit dem Klebelack wird das Objekt weitgehend wasserfest, eignet sich also durchaus für Garten oder Hauseingang. Es sollte aber kein Wasser über längere Zeit auf der Oberfäche stehen, sonst beginnt das Motiv, sich allmählich abzulösen.

Korrektur/Wiederverwendung

Wollen Sie zum Beispiel ein Windlicht für andere Zwecke umdekorieren, weichen Sie es einfach 24 Stunden in Wasser ein. Das Papiermotiv löst sich dann ab, die farbige Grundierung können Sie gegebenenfalls übermalen.

Auf diese Art können Sie preiswert und unproblematisch immer wieder aktuelle Dekorationen herstellen.

TECHNIK

Hinweise zur Bearbeitung

Alle Oberflächen, deren Farbigkeit dunkler als beige ist und solche, die bemalt sind, müssen grundiert werden. Helles Naturholz, dunkles Holz, Tontöpfe und bunt lackierte Untergründe, helle Obstkisten dagegen nicht. Bei großen Objekten können Sie auf preiswerte Alternativen zurückgreifen (siehe unter „Farben"), ansonsten arbeiten Sie am besten mit einer guten umweltfreundlichen Acrylfarbe. Diese wird deckend in einer Richtung aufgetragen. Dabei kann die Farbe entweder großflächig über den kompletten Gegenstand gepinselt werden oder nur etwa in der Größe des Motivs.

Der nächste Arbeitsgang erfolgt immer erst, wenn der Farb-/Klebelack-Anstrich vollständig durchgetrocknet ist. Selbstverständlich sollte auch nach jedem Farb-/Klebelack-Anstrich der Pinsel ausgewaschen werden.

Die Serviette kann ausgeschnitten oder ausgerissen werden. Wenn der Serviettenhintergrund die gleiche Farbe hat wie das zu beklebende Objekt, können Sie großzügig um das Motiv herum ausschneiden, ansonsten wirkt ein exakt ausgeschnittenes Motiv besser. Wenn Sie keine Freude am aufwendigen Ausschneiden haben, können Sie den Hintergrund nach dem Trocknen auch mit Acrylfarbe angleichen.

Grundsätzlich sollten Sie in dieser Reihenfolge arbeiten:

▶ Streichen Sie den Untergrund gründlich mit Klebelack ein und legen die Serviette auf. Nur leicht andrücken.

▶ Vorsichtig mit Klebelack überstreichen oder trocknen lassen, bügeln und mit Klebelack bestreichen.

▶ Zur besseren Haltbarkeit, besonders, wenn das Objekt im Außenbereich stehen soll, sollten Sie die komplette Oberfläche mit Klebelack bestreichen. Achtung! Ein dicker Farbauftrag wird je nach Klebelack glänzend!

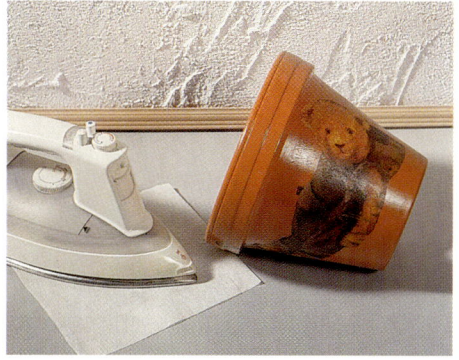

Dann entweder mit Klebelack überstreichen oder trocknen lassen und bügeln. Danach mit Klebelack bestreichen.

Zuerst wird mit einem Pinsel der Klebelack aufgetragen, dann das Motiv ausgeschnitten, aufgelegt und leicht angedrückt.

Zuletzt Motiv und Untergrund mit Klebelack versiegeln.

Für Schlüsselkinder

An diesem hübschen Schlüsselkästchen werden sich große und kleine Leute gleichermaßen erfreuen. Die lustige kleine Maus passt gut auf alle Schlüssel auf und freut sich über jeden, der wieder hingehängt wird.

Anleitung

▶ Die Wellpappe in die Holzkiste einpassen und ankleben.

▶ Den Lattenrest auf Kistenbreite zusägen und von außen festnageln.

▶ Zwei Drittel Weiß und ein Drittel Blau nebeneinander auf den Teller geben. Mit einem breiten Pinsel beide Farben unvermischt aufnehmen und alle Innen- und Außenseiten in einer Richtung streichen.

▶ Eine Seitenfläche als Boden grün streichen.

▶ Die Serviette auseinander falten. In Breite und Höhe so zurechtschneiden, dass sie den Kistenboden inklusive Latte abdeckt. Die dritte Lage abziehen.

▶ Den Klebelack mit dem Pinsel auf den Kistenboden streichen, dann die Serviette erst bis zur Latte auflegen und andrücken, um die Latte legen und andrücken und schließlich oberhalb der Latte auflegen und andrücken. Die Oberfläche vorsichtig mit Klebelack betupfen.

▶ Wenn alles gut getrocknet ist, mit Punkten die Stellen für die Haken vermessen und mit dem Stift markieren.

▶ In jede Markierung einen Nagel ein-

schlagen und wieder herausziehen. In die so entstandenen Löcher die Schraubhaken eindrehen.

▶ Den Seitenboden der Kiste mit Heißkleber betupfen und das Islandmoos aufkleben.

▶ Stoffblümchen und andere Dekoteile anbringen.

▶ An der Rückseite der Kiste zwei Aufhänger anbringen.

Aus dem Rahmen gefallen

Mit diesen Fröschen machen Sie Froschsammlern, Gärtnern und kleinen Prinzessinnen eine große Freude. Die Accessoires und fröhlichen, sommerlichen Farben lassen Ferienstimmung aufkommen. Besonders hübsch wirken diese Bilder in der Küche.

Anleitung

Gelber Rahmen

▷ Den roten Randstreifen aus der Serviette schneiden, die dritte Serviettenlage entfernen.

▷ Den Klebelack auf den Rahmen streichen, den Randstreifen auflegen, andrücken und mit Klebelack betupfen.

▷ Die Serviette vierteln und als Hintergrund auf den Kükendraht kleben.

▷ Zwei Bätter auf Pappe kleben und versiegeln. Nach dem Trocknen die Motive exakt ausschneiden und mit Heißkleber auf den Rahmen kleben.

▷ Den Rahmen mit Sisal, Frosch und Holzstreuern dekorieren.

▷ Für den Holzzaun vier Holzstäbchen von 7 cm und zwei von 9 cm Länge zuschneiden. Die Holzstäbchen zuerst mit Heißkleber zu einem Zaun zusammensetzen, dann auf das Rahmenbild kleben.

Roter Rahmen

▷ Den roten Randstreifen von zwei Serviettenvierteln abschneiden, die dritte Serviettenlage entfernen.

▷ Die Wellpappe so zurechtschneiden, dass sie in den Rahmen eingepasst ist. Klebelack aufstreichen, die Servietten auflegen, andrücken und mit Klebelack betupfen. Nach dem Trocknen in den Rahmen drücken, evtl. mit Heißkleber befestigen.

▷ Zwei Blätter auf Pappe kleben und versiegeln. Nach dem Trocknen die Motive exakt ausschneiden und mit Heißkleber auf den Rahmen kleben.

▷ Den Rahmen mit Sisal, Frosch und Holzstreuern dekorieren.

▷ Für den Holzzaun acht Holzstäbchen von 8 cm und zwei von 15 cm Länge zuschneiden. Die Holzstäbchen zuerst mit Heißkleber zu einem Zaun zusammensetzen, dann auf das Rahmenbild kleben.

Grüner Rahmen

▷ Den Rahmen dort unregelmäßig mit Acrylfarbe betupfen, wo Motive aufgeklebt werden sollen.

▷ Die Motive aus der Serviette schneiden, anschließend die dritte Serviettenlage entfernen.

▷ Den Klebelack ringsum auf den Rahmenrand streichen, die Motive auflegen, andrücken und mit Klebelack betupfen.

▷ Den Rahmen mit Sisal, Frosch und Holzstreuern dekorieren.

▷ Aus der Serviette eine halbe Blüte und eine Schaufel grob ausschneiden, auf Pappe kleben und versiegeln. Nach dem Trocknen exakt ausschneiden und mit Heißkleber auf den Rahmen kleben.

Es grünt und blüht

Dieses lebendige und abwechslungsreich gestaltete Gartenbild soll alle trösten, die keinen eigenen Garten haben. Der Pflanzenstecker ersetzt Ihnen den eigenen Hühnerhof. Wenn Sie mehrere Stecker fertigen und noch einige Hennen dazukommen, haben Sie ganz schnell ein buntes Hühnervolk.

DAS BRAUCHEN SIE:

Gartenbild
- Grundmaterial (S. 6)
- Wellpappe weiß kaschiert
- Serviette mit Blumen- garten
- Juteband in Jeansblau, 8 cm breit
- Heißkleber
- mehrere Äste
- Islandmoos
- Holzstäbchen
- Gartenschere
- Mini-Gartengeräte: Spaten, Fächerharke, Grabegabel, Sichel, Holztopf, Gießkanne, Eimer
- verschiedene kleine Blümchen und Blätter
- Sisal in Grün

Pflanzenstecker Hahn
- Grundmaterial (S. 6)
- Serviette mit Hahn
- weiß-grundierte Wellpappe
- Splittstab
- Heißkleber
- Schleifenband, 2,5 cm breit, in drei Grüntönen
- Marabu Funliner Magic 621 (Mittelgelb), 613 (Orange), 631 (Kirsch- rot), 667 (Saftgrün), 673 (Schwarz)

Anleitung

Gartenbild

▶ Die Serviette auseinander falten, dritte Serviettenlage entfernen.

▶ Die Wellpappe auf Serviettengrösse plus ca. 6 cm Rand zurechtschnei- den. Den Klebelack aufstreichen, die Serviette auflegen, andrücken und mit Klebelack betupfen.

▶ Beide Seitenkanten des Jutebands ca. 1 cm umschlagen und mit dem Bügeleisen umbügeln. Die Ecken im 45° Winkel abschneiden und eben- falls umschlagen und bügeln.

▶ Die Außenkante des Bandes auf der Rückseite der Pappe festkle- ben, die Bandinnenkante umgeschlagen auf das Serviettenbild kleben.

▶ Die Äste zurechtschnei- den und auf den Rahmen kleben. Baumkrone aus Islandmoos befestigen.

▶ Für den Holzzaun acht Holzstäb- chen von 10 cm und zwei von 17 cm Länge zuschneiden. Die Stäbchen zuerst mit Heißkleber zusammenset- zen, dann auf das Rah- menbild kleben.

▶ Den Rahmen mit Minigar- tengeräten, Blüten, Blättern und Sisal hübsch dekorieren.

Pflanzenstecker Hahn

▶ Das Motiv grob ausschneiden, eine Papierlage entfernen.

▶ Den Klebelack mit dem Pinsel auf- tragen, das Motiv auf die Pappe legen, andrücken und die Ober- fläche mit Klebelack betupfen.

▶ Nach dem Trocknen die Motive exakt ausschneiden.

▶ Die Konturen mit Fineliner nachzie- hen. 6 Stunden trocknen lassen, dann 1–2 Minuten bei 150 °C im Backofen backen, bis die Farben sich aufplustern.

▶ Den Splittstab von unten in den Pappenzwi- schenraum schieben.

▶ Aus dem Schleifenband eine Schleife binden, auf den Stabansatz kleben, auf die Schleifenmitte Holzstreu- er kleben.

Tipp

Sind auf der Serviette spie- gelverkehrte Motive, kön- nen Sie die Rückseite des Steckers in gleicher Art bekle- ben, ansonsten kann sie auch farbig betupft werden.

Alles für die Katz

Für Katzenliebhaber ist diese Schieferplatte genau das Richtige.

Außen oder innen angebracht, kann Sie kleine Mitteilungen oder Namen der Familie oder der Kinder enthalten. Dazu gibt es niedliche Blumentöpfe mit schwarzen Kätzchen darauf.

Anleitung

DAS BRAUCHEN SIE:

Schieferplatte
- Grundmaterial (S. 6)
- Schieferplatte 20 x 35 cm
- Bohrmaschine
- Bohrer, Ø 10 mm
- Serviette mit Katze
- Acrylfarbe in Weiß
- Tuch
- Wasser
- Kokoskordel, dunkelgrün, 8 mm

Töpfe
- Acrylfarbe in Beige und Grün
- Teller zum Mischen
- Grundmaterial (S. 6)
- 2 Tontöpfe
- Katzenservietten
- Girlanden Erikamoos, Blättermix
- Seitenschneider
- Heißkleber
- Holzstreuer Käfer
- Stoffblumen

Schieferplatte

▶ Zwei 10-mm-Löcher in die Schieferplatte bohren.

▶ Das Motiv aus der Serviette schneiden, eine der drei Serviettenlagen abziehen.

▶ Den Schiefer in Motivgröße weiß streichen, das Motiv auf die noch feuchte Farbe drücken. Farbe, die über den Motivrand hinausragt, vorsichtig mit dem feuchten Tuch wegwischen.

▶ Das Motiv gut mit Klebelack betupfen, ebenso die restliche Schieferplatte.

▶ Die Kokoskordel anknoten.

Töpfe

▶ Mit einem breiten Pinsel unteren und oberen Topfrand mit grüner Acrylfarbe bemalen.

▶ Die Motive aus der Serviette schneiden, eine der drei Serviettenlagen abziehen.

▶ Die Töpfe in Motivgröße mit Klebelack bepinseln, den Serviettenteil auflegen und vorsichtig andrücken. Oberfläche mit Klebelack betupfen.

▶ Etwas grüne Farbe auf den Teller geben. Mit den Borstenspitzen des Pinsels nur ganz wenig Farbe aufnehmen und auf die Töpfe tupfen.

▶ Nach dem Trocknen komplett mit Klebelack überstreichen.

▶ Für den kleinen Topf die Girlanden mit dem Seitenschneider auf die richtige Länge kürzen. Mit Heißkleber befestigen. Käfer und Stoffblumen aufkleben.

Apfelzeit

Zum Landhausstil gehören Äpfel einfach dazu! Die Töpfe mit dem einfachen Apfelmotiv sind leicht nachzuarbeiten, der breite Apfelkorb-Topf ist eher ein Modell für geübtere Bastler und Bastlerinnen. Dekorieren Sie diese hübschen Töpfe mit Pflanzen oder Gräsern in passenden Farben.

Anleitung

DAS BRAUCHEN SIE:

Apfeltöpfe
- ☐ Grundmaterial (S. 6)
- ☐ Acrylfarbe in Weiß und Avocadogrün
- ☐ Teller zum Mischen
- ☐ breiter Pinsel
- ☐ Tontopf
- ☐ Apfelservietten

Topf mit Apfelkorb
- ☐ Grundmaterial (S. 6)
- ☐ Tontopf
- ☐ Acrylfarbe in Weiß, Braun, Beige
- ☐ Apfelkorb-Serviette
- ☐ sehr feiner Haarpinsel

Apfeltöpfe

▶ Etwas weiße und grüne Acrylfarbe nebeneinander auf den Teller geben. Mit einem breiten Pinsel von beiden Farben gleichzeitig ein wenig aufnehmen und ohne die Farben dabei zu vermischen auf die Töpfe auftragen. Einen runden Fleck für den Apfel weiß malen.

▶ Die Motive aus der Serviette schneiden, eine der drei Serviettenlagen abziehen.

▶ Die Töpfe in Motivgröße mit Klebelack bepinseln, den Serviettenteil auflegen und vorsichtig andrücken. Die Oberfläche sorgfältig mit Klebelack betupfen.

▶ Etwas Weiß und Grün miteinander vermischen, mit dem Pinsel sehr wenig Farbe aufnehmen und auf die Töpfe pinseln.

▶ Nach dem Trocknen komplett mit Klebelack überstreichen.

Topf mit Apfelkorb

▶ Den Tontopf komplett mit weißer Acrylfarbe streichen.

▶ Die Motive aus der Serviette schneiden oder vorsichtig reißen, eine der drei Serviettenlagen abziehen.

▶ Die farbig behandelte Oberfläche mit Klebelack bepinseln, das Serviettenteil auflegen und vorsichtig andrücken. Die Oberfläche mit Klebelack betupfen. Den Topf ringsum mit Motiven dekorieren.

▶ Die Außenkontur des Motivs verlängern: Mit dem Borstenpinsel breite Striche wie einen lückenhaften Bretterzaun in Beige aufmalen, das Motiv dabei nicht übermalen.

▶ Mit dem Haarpinsel feine braune Striche als seitliche Lattenkontur aufmalen, dabei möglichst die Strichstärke etwas variieren.

▶ Nach dem Trocknen mit Klebelack überstreichen.

Es klappert die Mühle

„Es klappert die Mühle am rauschenden Bach, klipp, klapp …" Erinnern
Sie sich? Diese Windmühlenmotive klappern nicht, sie sind dafür
sehr handlich und geben als Blumenfensterdeko oder Geschenkanhänger
ein hübsches Bild ab.

Anleitung

DAS BRAUCHEN SIE:

Geschenkanhänger
- Grundmaterial (S. 6)
- Serviette mit Wind-mühle
- weiß angemalte Well-pappe
- Organzaband in Flieder, 40 mm
- Schleierkrautgirlande
- Seitenschneider
- Heißkleber

Pflanzenstecker
- Grundmaterial (S. 6)
- Serviette
- weiß angemalte Wellpappe
- Splittstab
- Sisal in Grün
- Myrthendraht
- Heißkleber
- Seitenschneider
- Schleifenband
- Holzstreuer

Geschenkanhänger

▶ Das Motiv aus der Serviette schneiden, eine der drei Serviettenlagen abziehen.

▶ Die Pappe mit Klebelack bepinseln, den Serviettenteil auflegen und vorsichtig andrücken. Die Oberfläche mit Klebelack betupfen. Das Motiv exakt ausschneiden.

▶ Die Schleierkrautgirlande mit dem Seitenschneider auf das entsprechende Maß einkürzen und mit Heißkleber ankleben.

▶ Mit der Schere ein Loch in die Oberkante der Pappe bohren. Das Schleifenband durchziehen und verknoten. Eine zweite Schleife binden und auf den unteren Rand kleben, die Schleifenmitte mit einem Girlandenblümchen verzieren.

Pflanzenstecker

▶ Das Motiv grob ausschneiden, eine Papierlage entfernen.

▶ Den Klebelack auf die Pappe auftragen, das Motiv auflegen, andrücken und die Oberfläche mit Klebelack betupfen.

▶ Nach dem Trocknen das Motiv exakt ausschneiden.

▶ Den Splittstab von unten in den Pappenzwischenraum schieben.

▶ Etwas Sisal auseinander zupfen, in der Mitte mit Myrthendraht abbinden und auf den Stabansatz kleben.

▶ Eine Schleife binden und auf den Stab kleben, die Schleifenmitte mit einem Holzstreuer verzieren.

Tipp

Sind auf der Serviette spiegelverkehrte Motive, können Sie die Rückseite des Steckers in gleicher Art bekleben, ansonsten kann sie auch farbig getupft werden.

Gerberas

Gerberablüten sind schlicht, aber sehr wirkungsvoll und daher besonders als Dekoration für Blumentöpfe oder Vasen geeignet. Dekorieren Sie die Töpfe mit Pflanzen und Gräsern in passenden Farben. Das bringt eine warme Note ins Landhaus.

Anleitung

Patinierter Gerberatopf
- ▶ Den Tontopf außen komplett und dünn mit der weißen Acrylfarbe streichen. Den Pinsel auswaschen.
- ▶ Das Motiv aus der Serviette schneiden oder vorsichtig reißen, eine der drei Serviettenlagen abziehen.
- ▶ Den Topf in Motivgröße mit Klebelack bepinseln, den Serviettenteil auflegen und vorsichtig andrücken. Die Oberfläche gründlich mit Klebelack betupfen.
- ▶ Den Rand des Blumentopfes in Orange anmalen.
- ▶ Nach dem Trocknen mit Klebelack überstreichen und erneut trocknen lassen.
- ▶ Die Patina sehr dünn auf den Topf auftragen, die Blüte dabei aussparen. Mit einem weichen Tuch stellenweise wieder abwischen.

Gerberatopf
- ▶ Etwa einen Teelöffel weiße und zwei Messerspitzen orangfarbene Acrylfarbe nebeneinander auf den Mischteller geben. Mit einem breiten Pinsel von beiden Farben gleichzeitig ein wenig aufnehmen und ohne die Farben dabei zu vermischen auf den Topf auftragen.
- ▶ Das Motiv aus der Serviette schneiden, eine der drei Serviettenlagen abziehen.
- ▶ Den Topf in Motivgröße mit Klebelack bepinseln, das Serviettenteil auflegen und vorsichtig andrücken. Die Oberfläche gründlich mit Klebelack betupfen.
- ▶ Nach dem Trocknen mit Klebelack überstreichen.

Wilde Margeriten

Margeriten symbolisieren den beginnenden Sommer. Die sehr hellen, noch fast frühlingshaften Farben bringen Frische ins Haus. Milchkanne und Stecker sehen sehr hübsch in den Pflanzkübeln auf der Terrasse aus. Doch Vorsicht bei Nässe. Der Stecker aus Pappe ist ihr nicht gewachsen.

DAS BRAUCHEN SIE:

Milchkanne
- [ ] Grundmaterial (S. 6)
- [ ] Margeritenserviette
- [ ] Milchkanne weiß

Pflanzenstecker
- [ ] Grundmaterial (S. 6)
- [ ] Serviette mit Margaritenmotiv
- [ ] weiß grundierte Wellpappe
- [ ] Splittstab
- [ ] verschiedene Schleifenbänder
- [ ] Myrthendraht
- [ ] Seitenschneider
- [ ] Heißkleber
- [ ] Holzstreuer

Anleitung

Milchkanne
- ▶ Die Motive aus der Serviette schneiden, eine der drei Serviettenlagen abziehen.
- ▶ Die Fläche in Motivgröße mit Klebelack bepinseln, das Serviettenteil auflegen und andrücken. Die Oberfläche mit Klebelack betupfen.

Pflanzenstecker
- ▶ Das Motiv grob ausschneiden, eine Papierlage entfernen.
- ▶ Den Klebelack auf die Pappe auftragen, das Motiv auflegen, andrücken und die Oberfläche mit Klebelack betupfen.
- ▶ Nach dem Trocknen das Motiv exakt ausschneiden.
- ▶ Den Splittstab von unten in den Pappenzwischenraum schieben und einkleben.
- ▶ Mehrere verschieden große Schleifen legen, in der Mitte mit Myrthendraht abbinden und übereinander auf den Stabansatz kleben die Schleifenmitte mit einem Holzstreuer verzieren.

Tipp
Sind auf der Serviette spiegelverkehrte Motive, können Sie die Rückseite des Steckers in gleicher Art bekleben oder farbig betupfen.

Ostern

Osten steht vor der Tür und Sie suchen noch nach einer originellen Dekorationsidee? Wie wäre es mit selbst gestalteten Ostereiern, Dekokugeln oder Geschenkanhängern in Serviettentechnik? Macht Spaß und ist supereinfach, wirkt aber wie gemalt.

Anleitung

DAS BRAUCHEN SIE:

Ostereier
- Grundmaterial (S. 6)
- Servietten mit Blüten und Schmetterlingen
- ausgeblasene weiße Hühner- und Gänseeier
- Acrylfarbe in Gelb, Grün und Weiß
- Mischteller
- feiner Haarpinsel
- Satinbändchen
- Zahnstocher
- Heißkleber

Dekokugel
- Grundmaterial (S. 6)
- Acryl-Kugel
- Acrylfarbe in Cremeweiß
- Serviette mit Blüten
- Papprest
- Heißkleber
- Schleifenband

Ostereier

▶ Die Motive aus der Serviette schneiden, eine der drei Serviettenlagen abziehen.

▶ Die Fläche auf den Eiern in Motivgröße mit Klebelack bepinseln, den Serviettenteil auflegen und vorsichtig andrücken. Anschließend die Oberfläche gründlich mit Klebelack betupfen.

▶ Die Farben auf den Mischteller geben. Den Eierhintergrund mit Acrylfarben bemalen.

▶ Das Satinband auf etwa 30 cm Länge zuschneiden. Mit dem Zahnstocher vorsichtig durch das Loch vom Ausblasen in das Ei hineinschieben und mit Heißkleber festkleben.

Dekokugel mit Blüten

▶ Die Kugel mit Acrylfarbe streichen. Anschließend den Pinsel gründlich auswaschen.

▶ Einzelne Motive aus der Serviette schneiden und seitlich ringsum 1 bis 2 cm tief einschneiden. Auf die Kugel legen. Wegen der Rundung überlappen die Einschnitte zum Teil, dort Keile einschneiden. Eine der drei Serviettenlagen abziehen.

▶ Einige Blüten auf Pappe kleben und mit Klebelack versiegeln. Nach dem Trocknen die Motive exakt ausschneiden.

▶ Die Kugel auf einer Seite mit Klebelack bepinseln, das Motiv auflegen und vorsichtig andrücken. Oberfläche mit Klebelack betupfen.

▶ Nach dem Trocknen die Kugel auf die dekorierte Seite legen und die restliche Oberfläche bekleben.

▶ Die Kugel abschließend mit Klebelack versiegeln.

▶ Schleifenbänder durch die Öse an der Kugel ziehen sowie vier etwa 30 cm lange Bänder in der Mitte verknoten und unter die Kugel kleben. Die Kugel mit den ausgeschnittenen Blüten verzieren. Eine Schleife binden und fest an das Aufhängeband kleben.

Sommer, Sonne, Sonnenblumen

Der kleine Maulwurf hat es sich idyllisch eingerichtet in seiner kleinen Gartenlaube, die aus einer Obstkiste entstanden ist. Er kann zufrieden auf seine Arbeit und die schönen Sonnenblumen blicken.

Die große ausgediente Milchkanne wird angemalt und beklebt und kann nun als Schirmständer, Blumenvase oder als Zierde für den Landhausgarten noch gute Dienste erweisen.

Anleitung

DAS BRAUCHEN SIE:

Dekokiste
- Grundmaterial (S. 6)
- weiß grundierte Wellpappe
- Obstkiste
- Acrylfarbe in Grün und Beige
- verschiedene Servietten
- Heißkleber
- Islandmoos
- Dekomaterial (siehe Foto)
- Aufhänger

Milchkanne
- Grundmaterial (S. 6)
- Serviette mit Sonnenblumen
- Milchkanne, rot, mit weiß vorgrundierter Fläche

Dekokiste

▶ Die Pappe in die Kiste einpassen und wieder herausnehmen. Mit beigefarbener Acrylfarbe streichen. Trocknen lassen.

▶ Die Kiste mit grüner Acrylfarbe ausstreichen.

▶ Die Serviettenmotive ausschneiden, dann jeweils eine der drei Lagen entfernen.

▶ Mit dem Pinsel Klebelack auf die Pappe streichen, das Motiv auflegen, andrücken und die Oberfläche mit Klebelack betupfen.

▶ Die Pappe nach dem Trocknen in die Obstkiste klemmen und wenn nötig ankleben.

▶ Das Dekokistchen wie auf dem Foto mit Islandmoos und Figürchen bekleben.

▶ Auf der Rückseite Aufhänger gut befestigen.

Milchkanne

▶ Die Motive aus der Serviette schneiden, eine der drei Serviettenlagen abziehen.

▶ Die Fläche auf der Milchkanne in Motivgröße mit weißer Acrylfarbe bepinseln, nach dem Trocknen den Klebelack darauf streichen, den Serviettenteil darauf legen und vorsichtig andrücken. Die Oberfläche mit Klebelack betupfen.

Jedem Topf das Seine

Bei diesem Topf ist außen drauf, um was es sich handelt: ein Buchsbaumtopf. Das Motiv sieht sehr dekorativ aus und ist einfach nachzumachen. Sie können den Topf noch nach Belieben bemalen.

DAS BRAUCHEN SIE:

- Grundmaterial (S. 6)
- Tontopf, grünlich glasiert
- Acrylfarbe in Weiß und Dunkelblau
- Serviette mit Buchsbaumtopf

Anleitung

▶ Den Tontopf in etwa der Motivgröße mit weißer Acrylfarbe streichen, ebenso einen Streifen unterhalb vom Rand.

▶ Das Motiv aus der Serviette schneiden oder vorsichtig reißen, eine der drei Serviettenlagen abziehen, für den Randstreifen den Serviettenrand zurechtschneiden.

▶ Die farbig behandelte Oberfläche des Topfes mit Klebelack bepinseln, die Serviettenteile auflegen und vorsichtig andrücken. Die Oberfläche mit Klebelack betupfen.

▶ Um das Buchsbaumtopfmotiv einen Rahmen mit weißer Acrylfarbe malen, darum herum einen Rahmen mit blauer Farbe. Auch die Unterkante und die Oberkante des Topfes sowie die Unterkante der Bordüre können einen blauen Rand bekommen.

▶ Nach dem Trocknen den Topf mit Klebelack überstreichen.

Blaue Anemonen

Zur Galerie der Blumentöpfe mit Pflanzen- und Blütenmotiven kommen nun noch blaue Anemonen dazu. Sie sehen nicht nur gut auf Blumentöpfen aus, sondern sind als Schmuck von verschieden großen Terrakotta-Kugeln für den Garten eine echte Zierde.

Anleitung

Anemonentopf
▶ Etwa einen Teelöffel weiße und zwei Messerspitzen Blaue Acrylfarbe nebeneinander auf den Mischteller geben. Mit einem breiten Pinsel von beiden Farben gleichzeitig ein wenig aufnehmen und ohne die Farben dabei zu vermischen auf den Topf auftragen.

▶ Das Motiv aus der Serviette schneiden, eine der drei Serviettenlagen abziehen.

▶ Den Topf in Motivgröße mit Klebelack bepinseln, den Serviettenteil auflegen und vorsichtig andrücken. Die Oberfläche gründlich mit Klebelack betupfen.

▶ Nach dem Trocknen mit Klebelack überstreichen.

Gartenkugeln
▶ Die Kugeln mit Acrylfarbe streichen, anschließend den Pinsel gründlich auswaschen.

▶ Einzelne Blüten aus der Serviette schneiden, jeweils eine der drei Serviettenlagen abziehen.

▶ Die Kugeln auf einer Seite mit Klebelack bepinseln, die Serviettenblüte auflegen und vorsichtig andrücken. Die Oberfläche gründlich mit Klebelack betupfen.

▶ Nach dem Trocknen die Kugeln auf die dekorierte Seite legen und die restliche Oberfläche bekleben.

▶ Abschließend beide Kugeln mit Klebelack versiegeln.

Tipp
Falls Sie die Kugeln in den Garten oder auf die Terrasse legen, sollten Sie sie ein zweites Mal versiegeln. Sicher ist sicher!

Beatrix-Potter-Figuren

Sicher kennen Sie die putzigen Figuren der englischen Illustratorin Beatrix Potter. Sie sind besonders bei Kindern beliebt, aber auch Erwachsene erfreuen sich noch an der niedlichen kleinen Häschenfamilie. Über die Serviettentechnik kommen sie auf Blumentöpfe oder wie hier auf eine Kassettenhülle.

DAS BRAUCHEN SIE:

Blumentopf
- Grundmaterial (S. 6)
- Tontopf
- Acrylfarbe in Weiß
- Serviette mit Beatrix-Potter-Figuren

Kassettenhülle
- Grundmaterial (S. 6)
- Kassettenhülle
- Serviette mit Beatrix-Potter-Motiv

Hoher Topf
- Grundmaterial
- Tontopf, grünlich glasiert
- Acrylfarbe in Weiß, Avocado, Orange, Braun, Beige
- Serviette mit Beatrix-Potter-Figuren
- Teller zum Mischen
- kleiner Borstenpinsel
- feiner Haarpinsel

Anleitung

Blumentopf
- Den Tontopf komplett mit weißer Acrylfarbe streichen.
- Die Motive aus der Serviette schneiden, eine der drei Serviettenlagen abziehen.
- Die Topfoberfläche mit Klebelack bepinseln, den Serviettenteil auflegen und vorsichtig andrücken. Die Oberfläche mit Klebelack betupfen.
- Nach dem Trocknen mit Klebelack überstreichen.

Kassettenhülle
- Serviette auf die Größe des Kassetten-Deckels zurechtschneiden. Eine der drei Serviettenlagen abziehen.
- Kassette mit weißer Acrylfarbe grundieren.
- Hülle mit Kleber bestreichen, Servietten auflegen, andrücken und die Oberfläche vorsichtig mit Klebelack bestreichen.

Hoher Topf
- Den Tontopf in der Größe des Motivs mit cremeweißer Acrylfarbe gut ausstreichen.
- Das Motiv aus der Serviette schneiden oder vorsichtig reißen, eine der drei Serviettenlagen abziehen.
- Die farbig behandelte Oberfläche mit Klebelack bepinseln, den Serviettenteil auflegen und vorsichtig andrücken. Die Oberfläche mit Klebelack betupfen.
- Die Außenkontur des Motivs farbig auflösen: Auf dem Mischteller wenig Avocado mit einer Spur Braun mischen. Über die Serviettenkontur mit einem kleinen Borstenpinsel als Laub antupfen. In gleicher Art Avocado auftragen. Mit Weiß einige kleine Lichtpunkte auftupfen.
- Das Motiv seitlich fortsetzen. Dafür in Weiß in einer Linie mit einem Haarpinsel Gras aufstricheln, etwas tiefer angesetzt den Vorgang mit Beige und Orange wiederholen. Feine weiße Striche in den beige-orangefarbenen Gräserwald malen.
- Motiv nach unten hin in gleicher Weise vergrößern, vor den Bug des Bootes aber waagerechte und wellenartige Striche setzen. Unterhalb von Gras und Wellen noch einige Linien in Avocado und Avocado-Weiß zufügen.
- Nach dem Trocknen den Topf mit Klebelack überstreichen.

Es blüht so schön ...

... in unserer Küche, auf dem Kühlschrank und dem Frühstückstisch.
Das können Sie bald sagen, wenn Sie diese einfach herzustellenden
Serviettenringe und Magnete fertig haben. Eine kleine Papprolle, einige
Blütenservietten und Magnete aus dem Hobbyfachhandel, mehr
brauchen Sie nicht.

Anleitung

Serviettenringe

▶ Motive grob ausschneiden, eine Papierlage entfernen.

▶ Den Klebelack mit einem Pinsel auf die Pappe auftragen, Motiv auflegen, andrücken und die Oberfläche mit Klebelack betupfen.

▶ Pappröhre auf die gewünschte Länge einkürzen. Für die Narzisse grünes, für die Osterglocke gelbes Juteband aufkleben. Seitlich überstehendes Band nach innen einschlagen und festkleben.

▶ Die Blüte exakt ausschneiden und in der Mitte auf den Jutering kleben.

Magnete

▶ Die Motive grob aus der Serviette schneiden, eine der drei Serviettenlagen abziehen.

▶ Die Pappe mit Klebelack bepinseln, die Serviettenteile auflegen und vorsichtig andrücken. Die Oberfläche mit Klebelack betupfen.

▶ Die Motive exakt ausschneiden und die Magnete mit der Heißklebepistole auf der Rückseite der Blütenmotive ankleben.

Die Magnete für die Küche sehen Sie auf dem Foto auf Seite 39.

Neue Deko für die Küche

Jetzt wird die Küche etwas aufpoliert mit neuen bunten Motiven auf

Vorratsgläsern und -flaschen – und die Küchenuhr erhält auch

ein neues Outfit. Was an Motiven übrig bleibt, kann ein hübsches Motiv

für Magnete oder Passepartoutkarten abgeben.

Anleitung

Passepartoutkarte
▶ Den Tonkarton so zurechtschneiden, dass er in den Fensterausschnitt der Passepartoutkarte passt. Das Serviettenmotiv auf die gleiche Größe zuschneiden, anschließend eine Papierlage entfernen.
▶ Den Kleber auf den Tonkarton auftragen, das Serviettenteil auflegen, andrücken und die Oberfläche mit Klebelack betupfen.
▶ Das Bild mit Bastelkleber hinter das Passepartoutfenster kleben.

Kaffeeglas
▶ Die Acrylfarbe in Motivgröße auf das Glas streichen. Den Rand unregelmäßig (fransig) auftupfen.
▶ Die Motive aus der Serviette schneiden, eine der drei Serviettenlagen abziehen.
▶ Die grundierte Fläche mit Klebelack bepinseln, den Serviettenteil auflegen und vorsichtig andrücken. Die Oberfläche mit Klebelack betupfen.

Küchenuhr
▶ Die Küchenuhr vorsichtig auseinander nehmen.
▶ Alle Aufdrucke wie Zahlen, Hersteller etc. mit weißer Acrylfarbe zweifach übermalen, dabei an Stelle der Zahlen zarte Bleistiftmarkierungen anbringen.
▶ Aus den Servietten verschiedene Motive ausschneiden.
▶ Klebelack auftragen, Serviettenmotive nacheinander auflegen und vorsichtig andrücken. Die Oberfläche mit Klebelack betupfen.
▶ Wenn alles vollständig getrocknet ist, die Uhr wieder zusammensetzen.

Tipp
Mit Kindermotiven können Sie eine tolle Uhr fürs Kinderzimmer basteln, mit maritimen Motiven, Blüten oder anderem vielleicht eine fürs Büro oder das Wohnzimmer.

Ran an die Töpfe!

Jetzt gehts ans Eingemachte. Die kleine Maus und ihr Freund, der kleine Bär, machen sich über die Marmeladentöpfe her. Auf beiden Rahmen ist auch gleich ersichtlich, dass die schöne rote Marmelade selbst gemachtes Johannisbeergelee ist.

Anleitung

DAS BRAUCHEN SIE:

Marmeladenmaus
- Grundmaterial (S. 6)
- Gelber Holzrahmen mit Kükendraht, 20 x 20 cm
- Acrylfarbe in Weiß
- Serviette mit Beeren-motiven
- künstliche, rote Beeren
- künstliches Blatt
- Frotteemaus
- kleines Töpfchen
- Heißkleber
- Rest braune Pappe
- Seitenschneider
- rote Window-Color-Farbe

Marmeladenbär
- Grundmaterial (S. 6)
- Serviette mit Beeren-motiven
- Holzrahmen mit Küken-draht 20 x 20 cm
- Frotteebär
- kleiner Holzlöffel
- künstliche, rote Beeren
- kleines Töpfchen
- Heißkleber
- rote Window-Color-Farbe

Marmeladenmaus
- Den Rahmen an den Ecken unregelmäßig mit Acrylfarbe betupfen.
- Die Beerenmotive und Randstreifen aus der Serviette schneiden, die dritte Serviettenlage entfernen.
- Den Rahmenrand ringsum mit Klebelack bestreichen, den Servietten-Randstreifen auflegen, andrücken und mit Klebelack betupfen. In gleicher Weise die Beerenmotive anbringen und trocknen lassen.
- Die Kunstbeeren und das -blatt, die Maus und das Töpfchen mit Heißkleber auf den Rahmen kleben.
- Aus brauner Pappe einen Löffel (siehe Motivvorlage unten) ausschneiden und an den Rahmen kleben.
- Den Rahmen flach legen und dick Window-Color-Farbe auf den Topfrand und den Löffel geben.

Tipp
Wenn Sie eine andere Beerensorte verwenden, ändern Sie die Window-Color-Farbe an Löffel und Topf gleich mit.

Marmeladenbär
- Die Beerenmotive und den Randstreifen aus der Serviette schneiden, die dritte Serviettenlage entfernen.
- Den Klebelack ringsum auf den Rahmenrand streichen, den Randstreifen auflegen, andrücken und mit Klebelack betupfen. In gleicher Weise die Beerenmotive anbringen und trocknen lassen.
- Das Bärchen in den Rahmen kleben, Löffel (Motivvorlage siehe unten) und Beerenbüschel in seiner Hand befestigen.
- Das Töpfchen mit Heißkleber fest auf den Rahmen kleben.
- Rahmen flach legen und dick Window-Color-Farbe auf den Topfrand und den Löffel geben.

DAS BRAUCHEN SIE:

Pflanzenstecker
- Grundmaterial (S. 6)
- Servietten mit verschiedenen Bärenmotiven
- weiss grundierte Wellpappe
- Splittstab
- Heißkleber
- kariertes Schleifenband, 4 cm breit
- Holzstreuer

Für den Weihnachtsbär zusätzlich
- Reste von gelbem und grünem Juteband
- 2 Wackelaugen 6 mm
- schwarze Nase 11 mm

Passepartoutkarte
- Grundmaterial (S. 6)
- Tonkarton in Weiß
- vorgefertigte Passepartout-Karten
- Serviette mit Bärenmotiv
- Bastelkleber

Kugel
- Grundmaterial (S. 6)
- Acryl-Kugel
- Acrylfarbe in Creme, Weiß und Blau
- Bärchenserviette
- Teller zum Mischen
- Schleifenband
- Kunstblüten und -blätter
- Heißkleber

Bärenparade

Je nachdem, welche Servietten Sie bekommen, gibt es unterschiedliche Bärenmotive, vom Bärchen in Matrosenkleidung bis zum Weihnachtsbär. Als Kartenmotiv sind die Bären allemal unschlagbar.

Anleitung

Pflanzenstecker
- ▸ Das Motiv grob ausschneiden, eine Papierlage entfernen.
- ▸ Den Klebelack mit dem Pinsel auf die Pappe auftragen, das Motiv auf die Pappe legen, andrücken und die Oberfläche mit Klebelack betupfen.
- ▸ Nach dem Trocknen das Motiv exakt ausschneiden.
- ▸ Den Splittstab von unten in den Pappenzwischenraum schieben.
- ▸ Das Band zur Schleife binden und auf den Stabansatz kleben, auf die Schleifenmitte Holzstreuer kleben.

Weihnachtsbär
- ▸ Mit der Schere ein Loch in die Nase drücken, schwarze Nase einkleben.
- ▸ Die Wackelaugen aufkleben.
- ▸ Die Jutebänder auf 5 cm kürzen, mit Heißkleber hinter die Schalenden kleben.

Passepartoutkarte
- ▸ Den Tonkarton so zurechtschneiden, dass er in den Fensterausschnitt der Karte passt. Das Serviettenmotiv auf die gleiche Größe schneiden, eine Papierlage entfernen.
- ▸ Klebelack auf Tonkarton auftragen, Serviettenteil auflegen, andrücken und mit Klebelack betupfen.
- ▸ Das Bild mit Bastelkleber hinter das Passepartout-Fenster kleben.

Kugel
- ▸ Die Kugel mit cremeweißer Acrylfarbe streichen. Einzelne Motive aus der Serviette schneiden, seitlich ringsum 2 cm tief einschneiden. Auf die Kugel legen. Wo Teile überlappen, Keile einschneiden. Eine der drei Serviettenlagen abziehen.
- ▸ Die Kugel auf einer Seite mit Klebelack bepinseln, Motive auflegen und andrücken. Mit Klebelack betupfen.
- ▸ Nach dem Trocknen die restliche Oberfläche bekleben.
- ▸ Die Acrylfarben nebeneinander auf den Teller geben. Mit dem Pinsel gleichzeitig wenig von beiden Farben aufnehmen, die Zwischenräume damit austupfen. Versiegeln.
- ▸ Das Schleifenband durch die Öse der Kugel ziehen, binden, mit Blümchen und Blättern ankleben.

Bären im Kinderzimmer

Bei dieser lustigen Bärengarderobe werden die Mäntel und Jacken bestimmt um so lieber aufgehängt. Die Garderobe kann auch in eine umlaufende Wandbordüre integriert werden, die Sie schnell und preiswert mit Servietten kleben können. Dazu passt der fröhliche Bärenstecker.

Anleitung

Garderobe

▷ Die Servietten vierteln, jeweils eine der drei Serviettenlagen abziehen.

▷ Das Brett auf der flachen Seite dick mit der Dispersionsfarbe streichen.

▷ Schmale Kanten mit roter Acrylfarbe malen.

▷ Flache Seite mit Klebelack bestreichen, Serviettenviertel auf Stoß aneinander legen, andrücken und mit Klebelack versiegeln.

▷ Messingschraubhaken einschrauben.

Wandbordüre

▷ Mithilfe der Wasserwaage und dem Bleistift an der Wand eine gerade Linie ziehen.

▷ Die Servietten vierteln, jeweils eine der drei Serviettenlagen abziehen.

▷ Die Wand in Serviettenhöhe und gesamter Breite mit Klebelack bestreichen, die Serviettenviertel an den Kanten genau aneinander legen, andrücken und gründlich mit Klebelack versiegeln.

Pflanzenstecker

▷ Motiv grob ausschneiden, eine Papierlage entfernen.

▷ Den Klebelack auf die Pappe auftragen, das Motiv auflegen, andrücken und die Oberfläche mit Klebelack betupfen.

▷ Nach dem Trocknen das Motiv exakt ausschneiden.

▷ Splittstab von unten in den Pappenzwischenraum schieben.

▷ Etwas Wolle auf der Pfeife und seitlich am Kopf des Bärenmit Heißkleber festkleben.

Tipp

Sind auf der Serviette spiegelverkehrte Motive, können Sie die Rückseite des Steckers in gleicher Art bekleben, ansonsten kann sie auch farbig getupft werden.

Robbenquartier

Sammeln Sie im Urlaub auch Muscheln? Wunderbar! Genau die richtige Dekoration für den Unterschlupf dieser kleinen Robbe aus Heu. Die bemalte Holzkiste kann auch inmitten Ihrer Muschelsammlung aufgestellt werden.

Anleitung

DAS BRAUCHEN SIE:

- [ ] Grundmaterial (S. 6)
- [ ] weiß grundierte Wellpappe
- [ ] Obstkiste
- [ ] Serviette mit maritimer Landschaft
- [ ] Acrylfarbe in Blau und Weiß
- [ ] Teller zum Mischen
- [ ] Heu
- [ ] heufarbenes Garn
- [ ] schwarze Holzperle, Ø 8 mm
- [ ] Gartenschere
- [ ] Nase, 11 mm
- [ ] einige Jutefäden
- [ ] Heißkleber
- [ ] Sand
- [ ] Muscheln
- [ ] Holzstreuer Vögel und Fische
- [ ] Teebaumblatt-Girlande, 1 m
- [ ] Seitenschneider
- [ ] Aufhänger
- [ ] kleines Dekoschiff

▷ Die Pappe in die Kiste einpassen, wieder herausnehmen.

▷ Serviette auseinander falten, halbieren und die dritte Lage abziehen.

▷ Den Klebelack mit dem Pinsel auf die Pappe streichen, die Serviette auflegen, andrücken und die Oberfläche mit Klebelack betupfen.

▷ Zwei Drittel Weiß und ein Drittel Blau nebeneinander auf den Mischteller geben. Mit einem breiten Pinsel beide Farben unvermischt aufnehmen und alle Innen- und Außenseiten in einer Richtung streichen. Allein die untere Innenseite bleibt unbehandelt. Sie ergibt die Sandbank.

▷ Das Motiv für die Robbe von der Vorlage (auf Seite 62) auf Pappe übertragen und ausschneiden.

▷ Die Pappteile mit Heu belegen, mit Garn festwickeln. Bei Bauch und Kopf etwas mehr Heu auflegen, sodass sich eine Erhöhung bildet.

▷ Holzperle mit der Gartenschere auf der Bohrung spalten und als Augen ankleben, Nase, Schnurrbarthaare aus Jute und die einzelne Flosse ankleben.

▷ Die Pappe in die Obstkiste klemmen und ggfs. ankleben.

▷ Den Seitenboden der Kiste mit Klebelack dick einstreichen und den Sand darauf streuen.

▷ Nach etwa zwei Stunden und völliger Trocknung des Sandstrandes die Muscheln, Holzstreuer und Robbe ankleben.

▷ Mit dem Seitenschneider die Teebaumblatt-Girlande in Stücke schneiden und als Zweier- oder Dreier-Gruppe ankleben.

▷ Den Aufhänger auf der Rückseite der Kiste befestigen, das Schiff oben auf der Kiste anbringen.

Tipp

Bohren Sie kleine Löcher in Muscheln und knoten diese an dünne Kordeln unten an die Kiste. Oder Sie verzieren den Rahmen der Kiste ringsum mit Muscheln und Schnecken.

Schiff ahoi!

Auch Landratten lieben zuweilen die Wellen, das Meer und was sich darin tummelt. Wer sich ein bisschen Meeresbrise und -atmosphäre nach Hause holen will, kann sich mit diesen maritimen Magneten versuchen. Der Leuchtturm blinkt von einer Passepartoutkarte.

DAS BRAUCHEN SIE:

Magnetpinnwand
- Grundmaterial (S. 6)
- Servietten mit maritimen Motiven
- Metallboard
- Magnete, 9er + 16er Ø
- weiß grundierte Wellpappe
- Heißkleber
- Holzstreuer als Schiffe, Fische, Vogel, Sonne

Passepartoutkarte
- Grundmaterial (S. 6)
- Tonkarton weiß
- vorgefertigte Passepartoutkarte
- Serviette mit Leuchtturmmotiv
- Bastelkleber

Anleitung

Magnetpinnwand
- ▷ Für den Rahmen das Serviettenrandmotiv grob ausschneiden, eine Papierlage entfernen.
- ▷ Klebelack auf den Rahmen auftragen, die Motivstreifen auflegen, andrücken und die Oberfläche mit Klebelack betupfen.
- ▷ Für die Magnete verschiedene kleine Motive aus der Serviette schneiden.
- ▷ Die Pappe mit Klebelack bepinseln, die Serviettenteile auflegen und vorsichtig andrücken. Die Oberfläche mit Klebelack betupfen.
- ▷ Die Motive exakt ausschneiden und die Magneten mit der Heißklebepistole auf die Rückseiten kleben.
- ▷ Auch auf die Rückseiten der Holzstreuer Magnete kleben.

Passepartoutkarte
- ▷ Den Tonkarton so zurechtschneiden, dass er in den Fensterausschnitt der Passepartoulkarte passt. Das Serviettenmotiv auf die gleiche Größe zuschneiden, eine Papierlage entfernen.
- ▷ Klebelack auf den Tonkarton auftragen, das Serviettenteil auflegen, andrücken und die Oberfläche mit Klebelack betupfen.
- ▷ Das Bild mit Bastelkleber hinter das Passepartout-Fenster kleben.

An der Waterkant

Möwen und Robben sind am Wasser zu Hause. Was liegt da näher, als diese Dekoration im Badezimmer zu verwenden. Anstelle von Blumen können Sie die Töpfe auch zum Aufbewahren von Zahnbürste, -pasta oder anderem Krimskrams benutzen.

Anleitung

DAS BRAUCHEN SIE:

Möwentopf
- Grundmaterial (S. 6)
- Tontopf
- Acrylfarbe in Weiß, Blau und Lila
- Serviette mit Möwenmotiv
- Borstenpinsel
- Haarpinsel

Seehundtopf
- Grundmaterial (S. 6)
- Tontopf
- Acrylfarbe in Cremeweiß
- Seehundserviette

Möwentopf

▶ Den Tontopf außen komplett mit der weißen Acrylfarbe streichen. Anschließend den Pinsel auswaschen.

▶ Die Motive aus der Serviette schneiden, eine der drei Serviettenlagen abziehen.

▶ Den Topf mit Klebelack bepinseln, die Serviettenteile auflegen und vorsichtig andrücken. Die Oberfläche mit Klebelack betupfen. Auf Vorder- und Rückseite jeweils ein Motiv anbringen.

▶ Blaue und weiße Acrylfarbe auf ein Tellerchen geben und vermischen. Es sollte ein Farbton entstehen, der das Blau des Himmels hat. Einen kleinen Probetupfer auf die Serviette setzen und gegebenenfalls mit Weiß aufhellen oder mit Blau abdunkeln. Himmel ringsum aufmalen. Mit einem Borstenpinsel etwas weiße Farbe aufnehmen und fedrig als Wolken auftupfen.

▶ Einen kräftigen Blauton anmischen, der zum Meerblau passt, Probetupfer machen. Ringsum so auftragen, dass sich die blaue Farbfläche schließt.

▶ In den kräftigen Blauton etwas Lila mischen, mit dem Haarpinsel eine Horizontlinie sowie einige Wellenlinien ziehen.

▶ Die gesamte Oberfläche des Topfes abschließend mit Klebelack versiegeln.

Seehundtopf

▶ Den Tontopf außen komplett und dünn mit der Acrylfarbe streichen, den Pinsel gut auswaschen.

▶ Einzelne Motive aus der Serviette schneiden oder vorsichtig reißen, dabei auch (als spätere Lückenfüller) kleine Stücke Wasser, Himmel und Schnee vorbereiten. Jeweils eine der drei Serviettenlagen abziehen.

▶ Nach dem Trocknen einen Teil des Topfes mit Klebelack bepinseln. Das Serviettenteil auflegen und vorsichtig andrücken. Die Oberfläche mit Klebelack betupfen.

▶ Nacheinander alle Motive aufkleben. In die Lücken kleine, farblich passende Papierstücke einfügen, mit Klebelack betupfen.

Flipper ist unser bester Freund!

Der kluge Delphin erscheint hier als Fensterbild, Geschenkanhänger und

zur Dekoration eines Blumentopfes. Er symbolisiert Treue und Freund-

Anleitung

Delphintopf

▷ Den Tontopf außen komplett und mit der weißen Acrylfarbe streichen. Den Pinsel anschließend auswaschen.

▷ Das Motiv großzügig aus der Serviette schneiden, eine der drei Serviettenlagen abziehen.

▷ Den Topf mit Klebelack bepinseln, den Serviettenteil auflegen und vorsichtig andrücken. Die Oberfläche des Motivs mit Klebelack betupfen.

▷ Die Ränder der Serviette ausschneiden, eine der drei Serviettenlagen abziehen.

▷ Oberen Topfrand mit Klebelack einstreichen, Streifen auflegen, andrücken und mit Klebelack überstreichen.

▷ Die gesamte Oberfläche des Topfes abschließend gut mit Klebelack versiegeln.

Geschenkanhänger

▷ Das Motiv aus der Serviette schneiden, eine der drei Serviettenlagen abziehen.

▷ Das Motiv auf den Sperrholzrest legen und vorsichtig den Motivumriss nachzeichnen.

▷ Figur aussägen, im oberen Bereich ein Aufhängeloch bohren, die Kanten glatt schleifen.

▷ Das Sperrholz mit Klebelack bepinseln, den Serviettenteil auflegen und vorsichtig andrücken. Die Oberfläche mit Klebelack betupfen.

▷ Falls sich auf der Serviette ein zweites, seitenverkehrtes Motiv befindet, sollte dieses in gleicher Weise auf die Rückseite aufgebracht werden.

▷ Die Papierschicht über der Bohrung durchstoßen, das Band durchziehen und verknoten.

Fensterkranz

▷ Das Motiv grob ausschneiden, eine Papierlage entfernen.

▷ Klebelack auf die Pappe auftragen, das Motiv auflegen, andrücken und die Oberfläche gründlich mit Klebelack betupfen.

▷ Den Delphin nach dem Trocknen exakt ausschneiden, die Schwanzflosse am Rand ankleben.

▷ Den Welldrahtring mit Sisal umwickeln, etwas losen Sisal auf die Unterkante kleben.

▷ Ein Stück Myrthendraht in den rechten Sisalrand schieben und verkleben. Das andere Ende in die Pappkante der Delphinschnauze stecken und einkleben.

▷ Das Schleifenband zu einer Aufhängung anknoten. Mit Holzstreuern verzieren.

Alle Vögel sind schon da!

Wenn es Winter wird, versammeln sich die Vögel am Futterhäuschen und auf der Fensterbank. Die kleinen Meisen hier können Sie sich das ganze Jahr über erhalten, egal ob als Dekorahmen, Blumentopfmotiv oder Anhänger.

Anleitung

Meisentopf
▷ Tontopf außen komplett und mit der weißen Acrylfarbe streichen. Den Pinsel anschließend gründlich auswaschen.
▷ Die Motive aus der Serviette schneiden, eine der drei Serviettenlagen abziehen.
▷ Den Topf mit Klebelack bepinseln, die Serviettenteile auflegen und vorsichtig andrücken. Die Oberfläche mit Klebelack betupfen.
▷ Etwas blaue Acrylfarbe auf ein Tellerchen geben. Den Schwamm anfeuchten, ganz leicht in die Farbe tupfen. Auf ein Stück Papier einen Probeabdruck machen. Ist dieser gelungen, den ganzen Topf vorsichtig mit dem Schwamm betupfen. Wird der Farbauftrag zu schwach, fester drücken oder erneut in die Farbe tauchen.
▷ Die gesamte Oberfläche des Topfes abschließend gründlich mit Klebelack versiegeln.

Rahmen
▷ Die Motive und Randstreifen aus der Serviette schneiden, die dritte Serviettenlage entfernen.
▷ Den Klebelack auf den Rahmenrand streichen, die Motive auflegen, andrücken und mit Klebelack betupfen.

▷ Die Vögel grob ausschneiden. Klebelack auf den Papprest streichen, die Vögel auflegen, andrücken und mit Klebelack betupfen. Wenn es vollständig getrocknet ist, die Vögel sauber ausschneiden.
▷ Die Wolle mit etwas Heißkleber in den unteren Rahmen kleben, die Zweige quer über dem Rahmen anbringen. Die Pappvögel ebenfalls mit Heißkleber anbringen.

Geschenkanhänger
▷ Motiv aus der Serviette schneiden, eine der drei Serviettenlagen abziehen. Auf den Sperrholzrest legen und vorsichtig den Motivumriss nachzeichnen.
▷ Die Figur aussägen, im oberen Bereich ein Aufhängeloch bohren, die Kanten glattschleifen.
▷ Das Sperrholz mit Klebelack bepinseln, das Serviettenteil auflegen und vorsichtig andrücken. Die Oberfläche mit Klebelack betupfen.
▷ Falls sich auf der Serviette ein zweites, seitenverkehrtes Vogelmotiv befindet, sollte dieses in gleicher Weise auf die Rückseite des Anhängers aufgebracht werden.
▷ Die Papierschicht über der Bohrung durchstoßen, das Band durchziehen und verknoten.

Schön ist das Leben auf dem Land

Fröhlich und hübsch anzusehen sind das lustige Landlebenbild und der Spankorb mit den vielen kleinen Marienkäfern. Im Korb können Äpfel, Nüsse, Steinsammlungen und vieles andere aufbewahrt werden.

Anleitung

Spankorb

▷ Die Holzflächen des Spankorbes wie auf der Abbildung mit Acrylfarbe bemalen, das Grün vorher im Joghurtbecher mit Wasser stark verdünnen. Trocknen lassen.

▷ Die Motive aus der Serviette schneiden, jeweils eine der drei Serviettenlagen abziehen.

▷ Den Korb mit Klebelack bepinseln, das Serviettenteil auflegen und vorsichtig andrücken. Die Oberfläche des Motivs mit Klebelack betupfen.

▷ Die Girlande mit Heißkleber auf den Korbrand kleben, auf Henkel und Girlande Marienkäfer verteilen und festkleben.

Kinderbild

▷ Die Serviette auseinander falten, die dritte Serviettenlage entfernen.

▷ Die Wellpappe auf Serviettengröße zurechtschneiden.

▷ Den Klebelack auf die Pappe streichen, die Serviette auflegen, andrücken und mit Klebelack betupfen.

▷ Girlande mit dem Seitenschneider auf die gewünschte Länge einkürzen und ankleben. Mit den verschiedenen Holzstreuern dekorieren.

▷ Die Wackelaugen auf Kuh und Vogel kleben.

Gemüseeintopf

Als Vorratsgefäße für Tomaten und Zwiebeln oder als dekorative Objekte für das Küchenfenster können sich diese beiden Töpfe sehen lassen. Für frischen Zwiebellauch pflanzen Sie einige Zwiebeln in einen Topf und benutzen diesen hier als Übertopf.

Anleitung

DAS BRAUCHEN SIE:

Tomatentopf
- Grundmaterial (S. 6)
- Tontopf
- Acrylfarbe in Beige
- Serviette mit Tomatenmotiv und beigefarbigen Untergrund

Zwiebeltopf
- Grundmaterial (S. 6)
- Tontopf
- Acrylfarbe in Cremeweiß, Orange, Braun, Beige
- Serviette mit Zwiebelmotiv

Tomatentopf

▶ Den Tontopf außen komplett und dünn mit der Acrylfarbe streichen. Anschließend den Pinsel gut auswaschen.

▶ Das Motiv großzügig aus der Serviette schneiden (keine einzelnen Ranken, sondern das Motiv mit Hintergrund), eine der drei Serviettenlagen abziehen.

▶ Einzelne Motive sowie das Randmotiv ausschneiden. Jeweils eine der drei Serviettenlagen abziehen.

▶ Nach dem Trocknen mit etwas Klebelack den oberen und unteren Topfrand bepinseln, die Bordüre auflegen und vorsichtig andrücken. Die Oberfläche gründlich mit Klebelack betupfen.

▶ Die Tomatenmotive einzeln anbringen, je mehr, desto schöner.

Tipp

Füllen Sie den Topf mit reifen Tomaten oder künstlichen Tomatenzweigen.

Zwiebeltopf

▶ Den Tontopf in etwa der Motivgröße mit cremeweißer Acrylfarbe streichen, anschließend den Pinsel auswaschen.

▶ Das Motiv aus der Serviette schneiden oder vorsichtig reißen, eine der drei Serviettenlagen abziehen.

▶ Die farbig behandelte Oberfläche mit Klebelack bepinseln, das Serviettenteil auflegen und vorsichtig andrücken. Die Oberfläche mit Klebelack betupfen.

▶ Die Außenkontur des Zwiebelmotivs farbig auflösen: Tupfen und kleine Striche in den angegebenen Farben aufmalen.

▶ Nach dem Trocknen den Topf mit Klebelack überstreichen.

Tipp

Binden Sie eine Kokoskordel oder Bast um den Topf und knoten ein paar kleine Steckzwiebeln ein. Füllen Sie anschließend Zwiebeln hinein.

Halloween

Lieb und witzig und kein bisschen gruselig kommt diese Kürbisgirlande daher. Sie können sie aufbewahren und jedes Jahr wieder zu Halloween aufhängen. Wenn es dunkel wird, spenden die Lämpchen ein kuscheliges Licht.

DAS BRAUCHEN SIE:

- Grundmaterial (S. 6)
- Servietten mit Kürbis-motiv
- weiß grundierte Wellpappe
- Kokoskordel, 1,20 m lang, 10–12 mm Ø
- Blumendraht, grün
- 10er Lichterkette
- Myrthendraht, grün
- Heißkleber
- Kunstefeu
- Naturbast
- Bleistift
- dünnes Holzstäbchen
- Seitenschneider

Anleitung

▷ Die Kürbisse grob aus der Serviette schneiden, eine der drei Papierlagen entfernen.

▷ Klebelack auf die Pappe auftragen, die Kürbisse auflegen, andrücken und die Oberfläche mit Klebelack betupfen.

▷ Die Enden der Kokoskordel jeweils zur Schlaufe fassen und mit Blumendraht festziehen. Die Lichterkette um die Kokoskordel legen und alle 15 cm mit etwas Myrthendraht befestigen. Die Lämpchen so drehen, dass sie nach vorn zeigen.

▷ Die Kürbisse exakt ausschneiden, auf der Kordel verteilen und gut ankleben. Den Efeu mit zerstückeln und an die Girlande kleben.

▷ Aus Bast einige Schlaufen mit Myrthendraht abbinden und auf die Kürbisstiele kleben.

▷ Blumendraht spiralig um den Bleistift wickeln, zur Spitze hin um das Holzstäbchen wickeln. Die so entstandene Ranke aus Blumendraht etwas auseinander ziehen und biegen und jeweils 1–3 Ranken pro Kürbis abschneiden, in die Kokoskordel einschieben und verkleben.

Tipp

Mund, Nase und Augen wie beim echten Kürbis ausschneiden und dahinter Lämpchen befestigen.

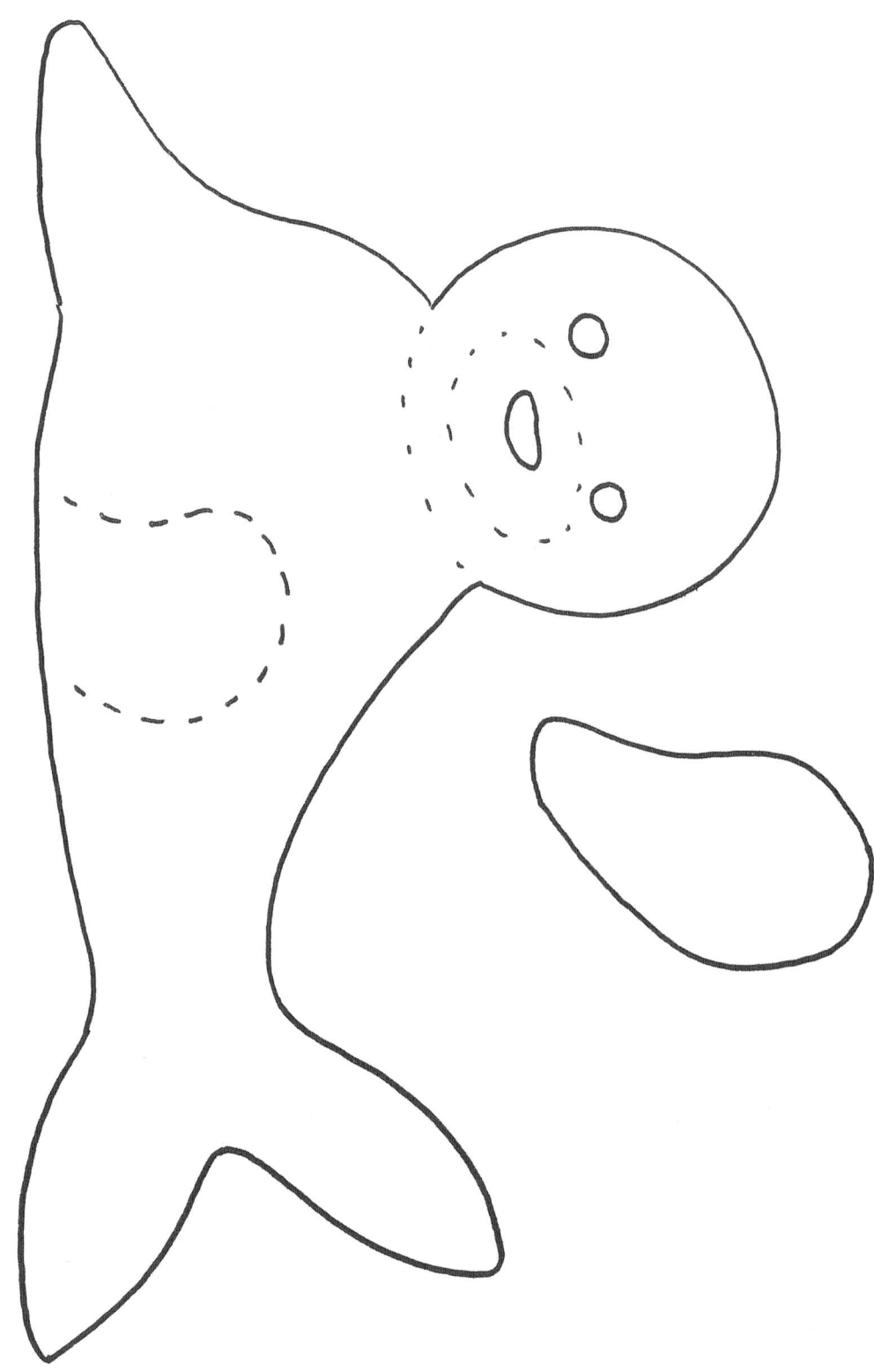

Motivvorlage Heurobbe (S. 46/47)

Im FALKEN Verlag sind zahlreiche Titel in der Reihe „Ideen über Ideen" erschienen. Sie sind überall dort erhältlich wo es Bücher gibt.

Zum gleichen Themenbereich ist auch erschienen:
Serviettentechnik für Frühling und Sommer (Nr. 7639)

Sie finden uns im Internet: **www.falken.de**

Dieses Buch wurde auf chlorfrei gebleichtem und säurefreiem Papier gedruckt.

Der Text dieses Buches entspricht den Regeln der neuen deutschen Rechtschreibung.

Die Autorin dankt Andrea, Mareike und Anne-Kathrin Fischer sowie Tina Djokic. Die drei Erstgenannten entwarfen und gestalteten die Dekokiste auf Seite 28. Tina Djokic ist für Entwurf und Ausführung des gelben Rahmens auf Seite 13 zuständig.

ISBN 3 8068 7640 1

Umschlaggestaltung: Peter Udo Pinzer
Redaktion: Uta Koßmagk; Sylvia Winnewisser, Wiesbaden
Herstellung: Petra Becker; Anke Sprey, Hofheim
Titelbild und Fotos: Susa Kleeberg und Friedemann Rink, Wiesbaden
Zeichnungen: Ulrike Hoffmann, Bodenheim

Satz: FALKEN Verlag, Niedernhausen/Ts.
Druck: Ernst Uhl, Radolfzell